VOYAGE D'ENQUÊTE

DANS LA

GUINÉE FRANÇAISE

(26 JANVIER – 26 AVRIL 1901)

Lettre à M. le directeur de la Maison des missions

PAR

O. MOREAU

de la Société des Missions évangéliques de Paris.

PARIS

MAISON DES MISSIONS ÉVANGÉLIQUES

102, BOULEVARD ARAGO

1901

VOYAGE D'ENQUÊTE

DANS LA

GUINÉE FRANÇAISE

(26 JANVIER — 26 AVRIL 1901)

———

Deux lettres à M. le directeur de la Maison des missions

PAR

O. MOREAU

de la Société des Missions évangéliques de Paris.

PARIS

MAISON DES MISSIONS ÉVANGÉLIQUES

102, BOULEVARD ARAGO

——

1901

STATIONS DE LA *WEST INDIES MISSIONARY SOCIETY TO WESTERN AFRICA*

(CES STATIONS SONT INDIQUÉES SUR LA CARTE PAR LA LETTRE W)

1. — Antigua	(sur le Nunez)	
2. — Domingia		
3. — Farringia	Rio Pongo	
4. — Fallangia		
5. — Bramaia	(sur le Bramaia)	
6. — Conakry		
7. — Cana	îles de Los	
8. — Fotoba		
9. — Kambia	(Siérra-Léone)	

STATIONS DE LA MISSION ANGLICANE *(CHURCH MISSIONNARY SOCIETY)*

(CES STATIONS SONT INDIQUÉES SUR LA CARTE PAR LES LETTRES C. M. S.)

1. — Bassaya   (sur la Fatalla)
2. — Kanofi

STATIONS PAR ORDRE DE DATES

Bassaya (1)	1808-1816	(C. M. S.)
Kanofi (1)	1808-1818	
Fallangia	1855	
Domingia	1862	
Antigua (1)	1869-1877	
Fotoba	1878	
Farringia	1879	
Bramaia (1)	1887	
Cassa	1890	
Kambia	1895	
Conakry (2)	1899	

N. B. — La station de *Kandia*, où sont allés les deux premiers missionnaires de la Société écossaise en 1797, n'a pas été repérée sur la carte.

---

(1) Stations supprimées.
(2) La chapelle de Conakry seule a été *consacrée*, par l'évêque Taylor Smith, le 2 mai 1901.

GUINÉE PORT.SE
R. Grande
Compony
Kandiafare
Légende
(W.) Station de la "West Indies Mis-
sionary Society to Western
Africa".
(C.M.S.) Station de la "Church Mis-
sionary Society".
R. Nunez
Boké
St Jean
Antigua (W.)
Fatalla
R. Nunez
GUINÉE FRANÇSE
Kapatchez
Foulaïa
Sobané
Sangha Farringia (W.)
I. du Diable
Kangfi (C.M.S.)
Domingia (W.)
Bassayé (C.M.S.)
Bandi
G. Verga
Boffa
Bramaya (W.)
Fallangia (W.)
R. Pongo
Dubréka
Bramaya
A T L A N T I Q U E
Conakry
Fotoba (W.)
Cassa (W.)
IS DE LOS
Iliné de Gorée
Iles
Forécaria
Benty
Kambia (W.)
Mellacoré
SIERRA LEONE
CARTE
POUR L'ÉTUDE SUR LA
MISSION DU PONGO
Echélle
0   20   40   60   100 kil.
Free Town
M.C.

I

DANS LA GUINÉE FRANÇAISE

LETTRE DU MISSIONNAIRE O. MOREAU A M. LE DIRECTEUR
DE LA MAISON DES MISSIONS, A PARIS

Conakry, 26 avril 1901.

Cher monsieur Boegner,

Mon voyage est à peu près terminé; j'ai encore quelques informations secondaires à rassembler; puis j'aurai à lier ma gerbe et à vous la présenter. Ce dernier acte ne pourra se faire qu'en France.

Il est une chose cependant que je puis faire de suite, en attendant le passage du paquebot : jeter un coup d'œil en arrière sur mon voyage et sur les bénédictions dont j'ai été l'objet, sans oublier la reconnaissance pour ceux qui m'ont fait du bien en route.

De Dakar à Conakry et à Boké.

C'est le 26 janvier que j'ai quitté Dakar, après avoir pris congé des frères Drancourt qui, pleins d'espoir, regagnaient Saint-Louis, pendant qu'Ellenberger et moi montions à bord de la *Ville de Maranhao* et continuions vers le Sud.

J'avais vu partir les deux frères pour Saint-Louis sans trop d'appréhension, ayant donné à mon collègue les explications complémentaires qui pouvaient lui être utiles; j'avais trouvé son frère plein de bonne volonté, et tous les deux optimistes.

Je crois vraiment que cette date de mon départ était voulue de Dieu afin de me donner un encouragement avant d'entre-

1

prendre mon enquête solitaire. Que mon ami René Ellenberger le supporte : il faut que je dise ici le bien qu'il m'a fait par sa conversation, par le récit de ses expériences, par la pureté, la virilité et la simplicité de son âme, par sa foi ardente, son attachement au Christ Sauveur, et en même temps sa gaieté et son entrain. Jamais je n'oublierai certaine soirée, où, seuls à l'arrière du paquebot, à la lumière des étoiles, nous nous disions ce qui était au fond de nos cœurs. Voilà ce qui peut s'appeler du rafraîchissement spirituel, et j'en bénis le Seigneur. Le 28 janvier, nous abordions à Conakry, où mon ami put rester tout un jour avec moi. Son départ me laissa bien seul, mais plus heureux et plus fort.

J'ai déjà fait la description de Conakry (1), et je n'y reviens pas, si ce n'est pour appuyer encore sur la vénération que m'inspire le pasteur Mac Ewen, et le respect, l'estime qu'il a su s'acquérir auprès de tous ceux qui l'approchent. Je n'ai qu'à me louer également de l'amabilité avec laquelle le chef du service des douanes, ainsi que M. Vacher, le représentant de la Compagnie Française, m'ont fait profiter de leur grande expérience, de leurs observations personnelles et de leurs conseils.

Ayant passé presque un mois à recueillir toutes sortes d'informations à Conakry, je m'embarquai le 22 février, à bord du *Crozat*, petit vapeur de la colonie, pour Boké, point terminus de la navigation sur le Rio-Nunez, au nord-ouest de la Guinée française.

Pourquoi cette fugue au nord de Conakry?

Si quelque personne était au courant des projets de voyage que j'avais faits avant mon départ de France, cette fugue au nord doit la surprendre.

En effet, d'après les renseignements que j'avais eus, je croyais que le sud de la Guinée — entre le massif ultra-musulman du Fouta Djallon, et le Sierra-Léone — était

---

(1) *Conakry et sa population*, lettre de M. Moreau, dans le *Journal des Missions évangéliques* d'avril 1901, pp. 311-315.

encore païen, fétichiste ; et que, par là, nous pourrions établir une série de stations missionnaires s'échelonnant jusqu'au Soudan, jusqu'au pays des Ouassoulous païens, dont quelques-uns, venus à Saint-Louis, sont maintenant membres de notre Église.

N'oublions pas que le but de l'appel adressé à la Société des missions par le gouvernement, est la fondation d'une œuvre scolaire en Guinée et particulièrement à Conakry, afin de pouvoir atteindre et franciser, par une éducation française protestante, les nombreux enfants sierra-léonais dont les parents habitent cette ville. Il leur est interdit d'avoir une école anglaise, et, étant protestants, ils refusent d'envoyer leurs enfants chez les Pères, mais n'auraient sans doute pas la même répugnance pour des protestants français. Seulement, la création d'une école supposait davantage pour nous : elle ne pouvait guère se produire que comme branche auxiliaire d'une mission établie dans le pays, dont elle dépendrait. En outre, les renseignements dont je parlais plus haut faisaient miroiter à nos yeux le Soudan enfin atteint d'une façon naturelle, le Soudan païen !

Ici, l'on répondit à mon naïf exposé : « Vous retardez de dix ans ! Alors, il est possible que vous eussiez trouvé le chemin plus ou moins libre de musulmans — et encore ! Maintenant le sud de la Guinée est, après le Foutah, la partie la plus musulmane et la plus pratiquante de toute la Guinée ! »

Une porte qui se ferme !

Mais n'y avait-il pas en Guinée, quelque part, quelque tribu païenne, où fonder une œuvre, avant l'arrivée de l'Islam, et sans danger de pénibles frottements avec d'autres Sociétés de missions, même catholiques ? — Si, il y a deux tribus dans le nord-ouest de la colonie : les Mikhi-Forez (ou hommes noirs) et les Bagas, — et peut-être un petit noyau à l'ouest : les habitants de la province du Bramaya, entre Boffa et Dubréka.

Telle est la raison de mon changement d'itinéraire.

I

LE PAYS ET SES HABITANTS

Géographie de la Guinée.

Un rapide aperçu du pays, géographique et historique, serait-il de trop?

La Guinée, à peu près en entier, semble avoir été — il y a très longtemps — le théâtre d'un vaste soulèvement volcanique ; ses montagnes isolées donnent, de loin, l'aspect de volcans éteints — tel le Kakoulima, au-dessus de Dubréka, qui se dresse à 1,100 mètres d'altitude. Le fait est que la croûte terrestre, la surface, est formée de roches ignées ferrugineuses connues sous le nom de latérite; le sous-sol est constitué, le plus souvent, par des bancs d'argile.

La Guinée a un massif central, le Foutah Djallon, d'où partent plusieurs chaînes de montagnes, soit parallèles, soit perpendiculaires à la côte, et se terminant souvent brusquement par une muraille à pic très élevée et qui ne manque pas de majesté. Entre ces chaînes coulent des fleuves plus ou moins importants, mais dont certains, tels que le Bramaya ou Konkouré, déversent une quantité d'eau considérable. Celui-ci, pendant l'hivernage, fait sentir son action sur la marée jusqu'à Conakry, qui est pourtant assez loin de son embouchure. Le lit de tous ces cours d'eau étant en général encaissé, et formé de cette sorte de grès ferrugineux plus ou moins friable, les abondantes pluies de l'hivernage transforment les moindres rivières en torrents parfois infranchissables. De même dans les plaines, il arrive qu'on voie d'énormes blocs soutenus uniquement par un pied d'un assez petit diamètre. Là aussi, ce sont les eaux qui ont rongé chaque année les parties friables, ne laissant que les parties dures.

Sur la côte, les rivières sont plutôt des affaissements (semble-t-il) où pénètre la mer; ou encore, ce sont les bouches innombrables des cours d'eau de l'intérieur, chenaux par où se fait le mouvement de la marée. Les montagnes ne viennent généralement pas jusqu'au rivage, et le littoral est formé par une large bande de terrain, à peu près au niveau de la mer. Cette côte, ou plutôt les îlots formés par les bouches des rivières, s'agrandissent chaque année et se surélèvent grâce aux palétuviers qui, de leurs racines, arrêtent et fixent les boues de la rivière, pendant qu'entre ces haies d'arbres, la marée creuse un chenal plus ou moins profond. C'est ce qui explique que, si l'intérieur n'est relativement pas trop malsain, les bords de la mer — aux environs des embouchures des rivières — sont peu habitables pour les Européens. Si l'île de Conakry jouit d'un meilleur état sanitaire, c'est parce que c'est une île maritime et au bout d'une longue presqu'île.

La nature du terrain étant telle que nous avons vu, les abondantes pluies d'hivernage ne se perdent pas immédiatement comme dans les sables du Sénégal, mais elles séjournent sur le sous-sol; aussi l'eau douce — même au bord de la mer, — ne manque jamais; et les palmiers, les fromagers au tronc monstrueux, et quantités d'essences forestières trouvent une fraîcheur suffisante pour croître à profusion et émerveiller le nouveau venu par leur vigueur et leur feuillage toujours vert. Par contre, les cultures annuelles qui ont besoin, pour réussir, d'avoir de l'eau près de la surface, ne peuvent prospérer, car leurs racines ne peuvent pénétrer assez profond. Aussi le pays est-il peu fertile en général par lui-même. Il faut en excepter les rizières des Bagas, qui sont dans des conditions particulières. Les pluies sont très abondantes; qu'on en juge par cette comparaison : tandis que nous avons à peine 0^m,50 d'eau au Sénégal, la Guinée en reçoit plus de 4 mètres.

Les conditions climatériques et géologiques font que, depuis le quatorzième siècle, où les premiers marins (selon toute probabilité, des Français) commencèrent à traiter sur cette côte, ce ne fut que pour des produits naturels du sol et non des produits de culture : épices, amandes de palme, etc.; aujourd'hui, on y a joint le kola et surtout le caoutchouc; quelquefois de l'or et de l'ivoire.

Autrefois, du seizième siècle jusque vers le milieu du dix-neuvième, ce furent d'immenses quantités d'esclaves qu constituèrent le principal, pour ne pas dire l'unique commerce de la Guinée. On voit encore çà et là, dans l'intérieur, et surtout sur le Rio-Pongo, les restes de fortes constructions, avec des canons à moitié enfouis dans la terre : c'étaient les magasins à esclaves et les canons étaient là pour garder la marchandise vivante, et au besoin pour la réduire.

Histoire de la colonisation.

Bien que cette côte fût fréquentée dès le quatorzième siècle, par des Français, des Hollandais et des Anglais, les commerçants furent longtemps sans s'y établir. Elle paraissait trop dangereuse, et les tribus en étaient trop batailleuses. Ce ne fut guère que vers le milieu du dix-neuvième siècle que des négociants de Gorée (île près de Dakar) établirent quelques comptoirs le long du Rio-Nunez. De leur côté, les Anglais de Sierra-Léone en fondèrent aussi sur le Rio-Pongo et ailleurs encore. De là vient que les Français appelaient cette côte : *Rivières du Sud*, par rapport à Gorée, qui est au nord ; et les Anglais la nommaient : *Rivières du Nord* par rapport à Sierra-Léone.

C'est à cette époque que, à l'instigation du colonel Pinet-Laprade, une série de traités furent passés avec les rois indigènes des petits états de la Guinée, tout le long de la côte, les plaçant sous notre protection. Tout récemment, le vaste royaume du Foutah-Djallon (actuellement notre province centrale), fut conquis, grâce aux divisions intestines des familles régnantes, et après plusieurs tentatives infructueuses. Et enfin, en 1899, une partie de l'ancien Soudan français fut annexée à la Guinée qui, depuis 1895, formait une colonie à part du Sénégal et autonome.

Division administrative de la Guinée française.

La Guinée compte plusieurs cercles administratifs, dont quatre sont maritimes et se nomment, du nord au sud :

1o Le *Cercle du Rio-Nunez*, chef-lieu Boké, arrosé par le Rio-Compony, le Rio-Nunez ou Kakandé, le Rio-Kapatchez et comprennant entre autres tribus : les Tendas, les Yolas, les Landoumans, les Nalous, les Mikhi-Forez et les Bagas ;

2o Le *Cercle du Rio-Pongo*, chef-lieu Boffa, arrosé par cette rivière et beaucoup d'autres moins importantes, et comprenant des Bagas et des Sousous ;

3° Le *Cercle de Conakry-Dubréka*, chef-lieu Dubréka, arrosé par le Bramaya, ou Konkouré et d'autres moindres cours d'eau, et comprenant des Sousous et une population plus ou moins mélangée ;

4° Le *Cercle de la Mellacorée*, chef-lieu Benty, arrosé par la Mellacorée et de nombreuses autres rivières, comprenant une population surtout sousou.

Races indigènes.

En outre, dans tous ces cercles, la population d'immigrants venus de Sierra-Léone est considérable. Nous ne nous occuperons que de ces quatre cercles et surtout des trois premiers.

Sur les *Landoumans* et les *Nalous*, nous manquons de données historiques. Les premiers occupent le bassin supérieur du Rio-Nunez, jusqu'au-dessous de Boké ; les Nalous paraissent en occuper le bassin inférieur, jusqu'au-dessous de Victoria — sans s'éloigner beaucoup des rives du fleuve.

Les Tendas et les Yolas sont deux petits restes de tribus dispersées sur les bords du Rio-Compony. — Comment et quand sont-ils venus ? Je ne saurais le dire.

Il paraît qu'il y a environ quatre cents ans, tout le littoral et jusqu'assez loin dans l'intérieur, appartenait à une seule race, dite Mandeniy. La première invasion fut celle des Bagas, venus du Foutah, et qui, repoussés, se réfugièrent dans les îlots et marécages bourbeux du littoral s'étendant du Rio-Nunez au Rio-Pongo. Plus tard, au temps de grandes guerres soudanaises, une branche de la race Malinké fut obligée de se chercher un refuge, et pénétra en Guinée : ce sont les Sousous, dont les uns s'établirent au Rio-Pongo, au Bramaya et dans plusieurs autres provinces ; les autres allèrent conquérir les provinces de la Mellacorée. Ils étaient tous fétichistes. Vers 1850, un groupe de Mandingues musulmans, établis aussi en Mellacorée, voulut convertir par force ses voisins sousous ; mais ceux-ci se retirèrent dans une petite province entre le Bramaya et le Rio-Pongo.

Enfin, quelque temps, peut-être longtemps avant, une tribu

esclave des Foulas, venue avec ses maîtres lorsque ceux-ci occupèrent le Fouta, s'enfuit et vint dans le pays compris entre Boké et Victoria, sur la rive gauche du Nunez, sans se mêler aux Landoumans ou aux Nalous. Ce sont les Mikhi-Forez.

Or, ce sont ces tribus Sousous du Pongo et du Bramaya au milieu desquelles ont travaillé les missionnaires de la Société des Indes occidentales; et ce sont, par contre, ces tribus Bagas, Sousous et Mikhi-Forez qu'on m'avait signalées, comme peut-être accessibles.

Mœurs domestiques et organisation sociale.

Je ne parlerai pas des Bagas, au sujet desquels j'ai déjà écrit (1), et dont les coutumes sont très particulières et souvent peu en accord avec notre simple morale.

Quant aux autres peuplades, leurs mœurs se ressemblent plus ou moins. Les villages — souvent éloignés les uns des autres — se reconnaissent ou se devinent de loin par les immenses fromagers qui les dominent ou par les épais bosquets de verts manguiers qui les entourent. Ceux construits avant l'occupation française sont encore entourés d'une épaisse muraille en terre appelée tata, percée d'une ou deux portes. Dans le village, chaque chef de famille a son tata particulier entourant ses cases (cette coutume semble se perdre de plus en plus). Chaque village est sous l'autorité d'un chef, choisi, je crois, par l'Administrateur — actuellement — sur la présentation faite par les notables du village. Ses insignes sont une sorte de turban et un gros tambour. Plusieurs villages formant province sont sous l'autorité d'un roi, dont le conseil est formé de tous les chefs de ses villages.

L'autorité ne se transmet pas de père en fils, mais de frère à frère, et l'on ne recourt aux fils qu'après la fin de la ligne collatérale. Il en est ainsi même dans les familles où le frère du défunt prend pour lui femmes et héritage, et donne ce qu'il veut aux fils.

____

(1) *Une peuplade félichiste*, lettre de M. Moreau, dans le *Journal des Missions évangéliques* de mai 1901, pp. 408-413.

La polygamie existe et est même un grand écueil pour bien des chrétiens indigènes. Le mariage a lieu moyennant le paiement par le prétendant d'une somme variant de 100 à 600 francs ; souvent un homme paie une dot pour une enfant toute jeune, qui lui sera gardée. Après un divorce ou après le veuvage, la dot à payer est moindre. L'inconduite n'est pas rare, paraît-il, et le divorce est fréquent. Cependant il arrive que le mari offensé se fait justice lui-même et ne divorce pas.

Les enfants ne sont initiés à certaines pratiques religieuses qu'à partir de dix à douze ans pour les garçons et treize à quatorze ans pour les filles. Jusque là, ils vont à peu près nus. L'état social des tribus de la Guinée comprend — comme dans presque toutes ces races africaines — des castes qui ne doivent pas se mélanger, bien que les membres de ces castes soient tous des hommes libres ou libérés.

La plus élevée est la classe des guerriers, ou citoyens (les chefs, les notables) ; puis viennent les castes des tisserands, des cordonniers et, quelquefois, des griots, qui peuvent se marier entre eux ; et enfin la caste des forgerons, la plus méprisée, dont on a besoin, mais avec laquelle on ne se mélange sous aucun prétexte.

En dehors de ces castes, toute une population : les captifs — tantôt vivant dans les cases du maître, tantôt réunis dans des villages de captifs. Ce ne sont plus les captifs de razzias, que l'on faisait à la guerre, ni les captifs de traite, article de commerce courant. Ils sont nés captifs, chez leurs maîtres, et cela est ainsi depuis plusieurs générations. Le captif a généralement droit à un jour de repos et à deux jours de travail pour son compte, par semaine. Son maître ne le vend jamais. Il lui doit nourriture et vêtement ; il le marie et prend soin de lui comme s'il était de la maison. Rarement le captif s'enfuit, et souvent il arrive à avoir une situation très importante chez son maître.

Ici, comme en bien d'autres parties de l'Afrique, l'un des principaux caractères du noir est un dégoût assez prononcé pour le travail. Il comprendrait la vie qui se partagerait entre les repas, la danse et le sommeil. Il ne travaille que forcé par la nécessité, et dès, qu'il s'en peut dispenser, il passe son temps allongé ou pelotonné dans l'un des hamacs suspendus sous sa véranda.

C'est une des caractéristiques des habitations de la Guinée, d'avoir la véranda toujours munie d'un ou de plusieurs hamacs, avec un noir ou une noire dedans. Ces habitations sont en général entourées : d'un mur circulaire en pisé, haut de quatre à cinq mètres, percé de deux portes se faisant face. L'intérieur a un diamètre d'environ cinq à six mètres. A environ deux mètres cinquante ou trois mètres, on élève un second mur concentrique extérieur d'un mètre de haut environ ; de place en place, on plante dans ce mur des piliers fourchus qui seront destinés à supporter la charpente, en sorte que celle-ci ne repose pas sur le grand mur intérieur. Cette charpente est recouverte d'un épais matelas de longues herbes séches qui préserve très bien du soleil. Sur le devant de la maison, l'espace entre les deux murs est réservé pour la véranda. Les côtés de la maison, au moyens de légères cloisons entre les deux murs, forment de petites chambres à coucher particulières. La chambre centrale sert de chambre à coucher, de salon et de salle à manger. Les habitations de l'intérieur, bien que sur ce modèle, sont en général plus petites, plus malpropres et pleines de suie.

La nourriture indigène consiste surtout en riz cuit avec de l'huile de palme et en patates, igname, manioc, etc.

Croyances et pratiques religieuses.

Ces peuplades — des cercles maritimes, en en exceptant les Sierra-Léonais et quelques Sénégalais — étaient toutes fétichistes. J'ai déjà touché le sujet, à propos des Bagas. Je n'ai pas pu me faire une idée bien nette de ce qu'était la religion de ces païens. Cependant, ils semblent avoir une croyance plus ou moins vague en un Dieu créateur. Mais ils croient aussi aux esprits et généralement ces esprits sont méchants : ce sont des diables. Pour les apaiser, on se faisait des figurines en bois sculpté représentant quelque contrefaçon du visage humain qu'on nommait « Bari ». C'étaient, dit-on, des symboles des esprits, et à ces symboles on présentait des offrandes de riz, de kola, de volailles, etc.

Outre cette religion fort élémentaire, ces peuplades avaient des coutumes spéciales (qui sont encore en pleine vigueur) : la circoncision des garçons et celle des filles — qui donnent lieu à des danses et des fêtes sans fin (on appelle cela le *bondou*). Puis, depuis longtemps, s'est fondée, au milieu de ces tribus, une sorte de société secrète, nommée les *Scymos*, dont le but pourrait avoir été de s'opposer aux progrès de l'Islam. Cette société avait certaines forêts épaisses comme lieux de réunion et d'initiation. Elles étaient sacrées : tout étranger qui y pénétrait était mis à mort. Vers l'âge de quinze ans, les jeunes garçons allaient au bois sacré et, nus, pendant un an, apprenaient les statuts et la langue spéciale de cette société. Défense, sous peine de mort, de divulguer les secrets. Après un an, on revenait à la vie commune si 'on avait pu résister à cette rude initiation.

L'Islam et sa propagande.

Depuis longtemps, l'Islam avait cependant pénétré du Soudan dans le royaume du Foutah Djallon, et les Foulas, qui paraissent avoir été fétichistes à l'origine, devinrent assez rapidement musulmans. Et, comme tout bon musulman est nécessairement missionnaire dès qu'il sort de chez lui, — employant la force quand il le peut, agissant par persuasion et par l'exemple quand il est seul, — il arriva que, peu à peu, malgré les Scymos, dès que notre occupation eut rendu les guerres intérieures impossibles, l'Islam se répandit très vite, d'autant plus vite qu'il ne put plus employer la force et faire de la question religieuse une question de suprématie de race. Il se fit très élastique, très accommodant et parut offrir tant d'avantages, tant pour l'autre monde que pour celui-ci, qu'il fut accepté par beaucoup. Il leur conférait, à leurs propres yeux, une grande supériorité intellectuelle, et l'homme capable de lire l'arabe du Coran est à révérer. Il n'y a pas de marabouts (prêtres musulmans) dans chaque village, mais, aussi bien chez les Sousous que chez les Mikhi-Forez — à l'exception des Bagas — chaque petit hameau a sa case-mosquée et une place en plein air pour la prière. C'est un endroit au milieu du village, entouré d'un mur en pisé, haut de 0ᵐ50, formant un rectangle dont l'un des bouts s'arrondit en demi-circonférence, vers l'orient. Là se place le chef de la prière — ordinairement le chef du village; — les hommes sont derrière lui, pieds nus, dans l'enceinte, répétant tous ses gestes et marmottant les mots qu'il murmure, sans qu'aucun d'eux, souvent, y comprenne rien. Les femmes sont en dehors de l'enceinte. Et ils sont en règle avec Dieu.

Il est facile de se rendre compte des causes, au moins apparentes, de cette rapide extension de l'Islam. Un noir musulman — mettons un marabout — arrive dans une importante ville sousou. Il s'établit dans un coin, sous la véranda qu'on lui prête; il n'excite aucun soupçon, parlant la même langue, mangeant, vivant comme le reste du village. Les fétichistes, dont les pratiques religieuses se réduisent à un très strict minimum, ne tardent pas à remarquer les prières, à intervalles réguliers, du nouveau venu. On l'entoure avec un certain respect; il dit que c'est la religion envoyée par Dieu à son prophète, qu'elle est bien supérieure au fétichisme et en même temps très facile : dire les prières, observer les grandes cérémonies et être charitable, cela vous garantit toutes les faveurs de Dieu, pour la terre et surtout pour l'autre. Je n'ai pu savoir ce que les fétichistes pensent de la vie à venir; peut-être en est-il qui croient à une sorte de transmigration des âmes, de métempsycose. Ce qu'on leur dit du Paradis musulman, avec toutes ses jouissances, est tout nouveau pour eux et les émerveille sans les choquer.

D'autre part, ce prêtre musulman, qui est fort intelligent, se garde bien de heurter de front les superstitions et vieilles habitudes de ses auditeurs. Il passe sous silence même ce qui est formellement condamné par le Coran. Pourvu qu'on adopte quelques formes, qu'on fasse la prière, même sans y rien comprendre, et qu'on croie à la vertu des gris-gris ou amulettes et talismans musulmans, il n'en demande pas davantage à cette première génération. Il sait fort bien qu'après le salam, ils se réuniront autour d'une dame-jeanne de rhum, que leurs filles, plus ou moins dévêtues, exécuteront des danses plutôt impures, qu'ils continueront à garder, craindre et respecter leurs « baris » ou fétiches... Que lui importe ! Au fond, il méprise cette génération, mais il guette la seconde génération, les enfants. Il sait qu'avant long-temps on le priera de bien vouloir instruire les garçons leur inculquer sa science et, pendant des soirs et des soirs, il les réunira, les ayant munis de planchettes sur lesquelles est écrit un verset du Coran. Et on répète ce verset, — et on l'écrit aussi parfois — jusqu'à ce qu'il soit gravé tel quel dans la mémoire. Et, à ces écoliers, le marabout enseignera toutes les prescriptions islamiques, dans toute leur rigidité; il en fera des fanatiques, s'il le peut; en tout cas, de plus fidèles observateurs de la loi de Mahomet. Ils se rendront mieux compte des sacrifices qu'elle leur impose : abstention de boissons alcooliques; abstention de certaines viandes; certaines limites aux passions; observation stricte des ordonnances sacrées. Ils comprendront mieux l'incontestable supériorité intellectuelle et morale de l'Islam sur leur propre religion et seront ancrés, d'une façon inébranlable, dans la croyance qu'une telle religion, si élevée, pourtant facile à comprendre, demandant des sacrifices, mais, en revanche, donnant tant de brillantes promesses et, en somme, laissant une immense latitude aux passions habituelles du noir, — que cette religion, dis-je, est la seule parfaite et que toute autre n'a droit qu'au plus profond mépris ou à la haine.

Si, comme je l'ai entendu dire, l'Islam était le vestibule du christianisme, s'il était un pas en avant dans une sorte d'évolution religieuse naturelle, moi-même je souhaiterais qu'il eût encore plus d'adhérents, car il est absolument hors de doute qu'il élève le niveau d'un peuple païen; et quand ce ne serait que par sa lutte contre les spiritueux, il rend un immense service aux peuplades noires que nous voulons empoisonner de nos alcools et qu'il sauve de la ruine en lui interdisant tout autre breuvage que l'eau.

Mais — et je ne crains pas d'être contredit — l'Islam, lorsqu'il est bien entré dans la vie, dans les mœurs d'un peuple, est, non un vestibule, mais une haute muraille infranchissable; non une porte ouverte, mais une porte verrouillée et cadenassée, dont les gardiens ne discutent même pas sérieusement avec vous. L'Islam les a élevés et leur a fait croire qu'ils sont arrivés à la perfection, parce qu'il les a conduits sur un roc entouré des flots et il leur semble qu'on ne peut aller plus loin ; en réalité, le seul vrai chemin qui conduise à la Terre promise leur a été caché et ils n'y veulent pas croire. L'Islam est autant, sinon plus, un état social, un régime social, qu'un système religieux, qu'une religion. Il ne va pas au cœur de l'homme ; il ne l'humilie pas, mais, au contraire, l'enorgueillit ; il ne lui demande pas de changer de cœur, mais d'habitudes. Et voilà pourquoi cette religion, le mahométisme, s'étend avec une telle rapidité et exerce une telle influence sur ses adeptes.

Tant que ceux-ci en sont à la première période, ni tout l'un, ni tout l'autre, ils seraient encore accessibles. Un jour, demandant à un chef, qui me priait de revenir m'établir dans son village, ce que j'y ferais, puisque tout le monde presque faisait le salam, il me fit répondre : « Oh ! ici, ils sont musulmans et font le salam comme beaucoup de ceux qui récitent le « Notre Père » : ça ne veut rien dire et ils te suivront si tu viens ! » Comparaison plutôt triste pour les chrétiens auxquels ce chef pensait !

Mais, quand les adeptes de l'Islam sont plus éclairés, dans les générations suivantes, ils sont presque inaccessibles à l'Évangile. Je dis « presque » car nul ne saurait avoir le droit de limiter la puissance régénératrice de l'Esprit de Dieu.

La tribu des Mikhi-Forez, quelques centres sousous, dans la province du Bramaya, en sont à cette première période... Les autres l'ont déjà dépassée.

Avant de quitter ce sujet et d'en venir à mon voyage proprement dit, je dois ajouter que la plupart des remarques exposées ci-dessus sont tirées du livre : *Guinée Française*, écrit pour l'Exposition de 1900, par M. Famechon, chef du service des douanes de la Guinée. C'est l'un des hommes qui connaissent le mieux cette colonie pour en avoir parcouru de larges parties en observateur curieux et fort sagace. Je lui suis très redevable, en particulier, pour ce qui concerne les notes géologiques, géographiques, historiques et sociologiques.

II

MON VOYAGE D'ENQUÊTE

J'ai essayé de décrire le pays, les habitants, leurs mœurs, leur état religieux. J'en viens maintenant à mon voyage proprement dit.

De Conakry à Boké.

Donc, le 22 février, mes neuf porteurs, un interprète anglais-sousou et moi, montâmes à bord du vapeur de la colonie, le *Crozat*. Nous y étions en nombreuse compagnie : il y avait onze blancs, et je ne sais combien de noirs. Or, ce vapeur, un vénérable petit remorqueur, blessé, percé, troué, bouché avec du ciment, possède une cabine pour *une* personne. Et, comme chacun avait des bagages à la main et des caisses, on s'arrangea entre les angles. Partis à trois heures de l'après-midi, nous devions arriver le lendemain vers midi, mais nous manquâmes la marée montante dans le Nunez, et n'atteignîmes Boké que vers minuit. Ce n'aurait été rien si j'avais eu le mal de mer tout le temps, mais, sauf un malaise au commencement, je me trouvais trop bien portant et il me tardait extraordinairement de descendre. L'impatience étant un de mes défauts, ce fut une leçon dont j'avais besoin. Ce fut aussi pour moi une utile leçon de prévoyance. On avait assuré que le mécanicien nourrissait les passagers blancs. En conséquence, toujours naïf, je n'avais pris aucune provision pour le voyage. Or, le mécanicien se souciait de ses passagers comme un poisson d'une guigne. Après tout, un jour et demi est vite passé. Et deux de mes compagnons de route, deux Allemands, m'offrirent de leurs victuailles le dernier soir. Eus-je tort d'accepter avec empressement ?

Le Gouverneur, sur ma demande, avait eu la bonté de télégraphier aux administrateurs de Boké et de Boffa pour me recommander. Peut-être n'eût-ce pas été nécessaire, car je suis heureux de remercier chaudement l'Administrateur de Boké, M. Valen, ainsi que madame Valen de l'excellent accueil qu'ils m'ont fait. Tous les renseignements dont je pouvais avoir besoin sur le cercle du Rio-Nunez, M. Valen les mit à ma disposition avec la plus grande bonne volonté et il m'assura de son concours aussi longtemps que je serais dans les limites de son cercle.

A Boké.

Boké est le point terminus de la navigation fluviale sur le Nunez. A cet endroit, la rivière est fortement encaissée; aussi la marée s'y fait-elle considérablement sentir. La ville est construite sur le haut de la colline, et les sentiers qui conduisent au poste sont très rapides. De là, on a une vue fort intéressante sur le Nunez, qui se déroule dans le fond, tandis qu'en face, s'étend une vaste brousse. Entre la rivière et le poste est une sorte de renfoncement dans le rocher, d'où jaillit une splendide verdure, faisant tache sur le reste. C'est une source qui jamais ne tarit, et donne une eau d'une fraîcheur et d'une limpidité à exciter la gourmandise.

La ville est construite en longueur, des deux côtés de la route venant du Fouta (surtout la ville commerciale : la ville indigène est plus au sud-ouest). Douze ou treize maisons européennes y ont des comptoirs importants. En outre, environ 300 ou 400 Sierra-Léonais et quelques Gambiens sont venus s'y fixer. Ils vendent en détail, sous de petits abris, dits *dassa*, des marchandises que les grandes maisons leur confient.

Boké, par sa position, est important : dès 1827, il existait comme centre commercial, et c'est de là que partit René Caillé pour son grand voyage de Tombouctou et les États barbaresques. Une inscription gravée sur une colonne dans la cour du poste, le rappelle, et une allée de gros fromagers, conduisant hors du poste, porte le nom de l'explorateur.

Comme partout où ils sont en nombre, les Sierra-Léonais se sont constitués en Église et ont choisi un des leurs pour catéchiste. Ils se servent d'une mauvaise hutte pour chapelle, et n'ont que très rarement la visite du pasteur de Conakry. Quelques blancs protestants se sont joints à eux, et, cette année, tous ont fait une pétition pour être autorisés à bâtir un temple. Elle leur a été accordée, et la construction doit être faite maintenant. J'étais arrivé le dimanche matin, et, dès l'après-midi, on me demanda de parler et de baptiser un enfant.

Pendant mon court séjour, je me convainquis que Boké serait difficilement un centre missionnaire : l'Islam y es déjà ; les catholiques y ont une école et une mission — pas très prospères — et l'élément anglais se suffit à lui-même. Je demeurai pendant ce temps chez deux commerçants associés, dont l'un est protestant et allemand, M. Fraas ; un jeune Anglais, qui travaille avec eux pour apprendre le commerce, M. Siegler, fut très aimable pour moi. Tous rivalisèrent de bonté quand je partis : on me fit des cadeaux pour mes porteurs, — et pour moi, des pains, une boîte de biscuits, un poulet préparé, etc. — Les Anglais, qui avaient officiellement pris congé de moi la veille, m'accompagnèrent un peu... Et, pour la première fois, je me trouvai seul dans la brousse inconnue, avec neuf hommes que je ne comprenais pas, et un interprète qui ne se souciait guère de faire tant de chemin à pied.

A travers la brousse.

Cependant, je dois rendre grâce à Dieu de ce que toute la première partie de mon voyage se passa si bien. Jusqu'aux approches du pays des Bagas, c'est-à-dire du littoral, le paysage était merveilleux ; je n'avais jamais vu forêt si dense avec ces colonnes élancées que sont les palmiers ; avec ces piliers massifs que sont les troncs de fromagers ; avec ces entrelacements et enchevêtrements inextricables et bizarres des lianes de toutes tailles, vrais serpents monstrueux ; avec, parfois, cette abondance de fruits délicieux : oranges dorées, ananas (ceux-ci trop souvent coupés trop tôt !) et, près des villages, bananes, papayes, mangues, etc. ; avec ces arceaux de verdure — arcs de triomphe à peine traversés par un rayon de soleil — avec ces senteurs capiteuses, avec ces cours d'eau, sur le bord desquels la végétation est encore plus belle !

Il est vrai que, de temps à autre, nous avions à passer de larges collines couvertes de forêts de bambous, ou d'arbres aux feuilles en panache, mais revêtues de couleurs tendres qui me ravissaient. Par malheur, les noirs avaient incendié quelques-uns de ces endroits, et bien que ce fût éteint, on y respirait encore une poussière noire. Ou bien, entre les collines, il fallait traverser des marais desséchés, couverts d'une herbe drue, plus haute que nous et cachant absolument les sentiers. Pendant l'hivernage il eût été impossible de les traverser.

Au pays des Mikhi-Forez.

C'était le pays des Mikhi-Forez. Je fus bien reçu à peu près partout. Grâce à une recommandation de l'agent de la Compagnie Française, de Boké, je pus me fournir de provisions chez ses traitants noirs. Dans les villages importants, nous nous arrêtions soit pour la halte du milieu du jour, soit pour celle du soir. On mettait une chambre à ma disposition, on la débarrassait de tout, on changeait la couverture du lit quand il y en avait un, et on me donnait un seau d'eau douce. Après un peu de repos, les hommes du village se rassemblaient et je leur expliquais le but de mon voyage. Quoiqu'ils fussent déjà musulmans, presque partout ils me dirent qu'ils seraient très heureux d'avoir une école dans le pays, où ils pourraient envoyer leurs enfants sans en être trop éloignés. Les Pères passent, prennent les fils de chefs par persuasion ou... autrement, et pendant un an, on ne les voit plus. Quant au fait d'être musulmans, ils ne le sont que parce que personne d'autre n'est venu ; — que je vienne et l'on me suivra.

Quand plusieurs villages étaient dans le voisinage, on n'était pas surpris de voir notre troupe rester au même endroit plusieurs jours de suite, pendant que je rayonnais.

Dans un seul village un peu important je fus reçu avec mauvaise volonté, à Songolou. On me donna une affreuse petite chambre que mon lit de camp et ma table remplissaient et on refusa de me vendre des volailles. — C'est près de ce village que je vis les gros blocs de grès rougés par en dessous, sorte de menhirs naturels.

Le lendemain, j'eus l'explication de cette attitude : le chef de Songolou avait malmené celui d'un village voisin, Wongulfon, et craignait que le blanc ne se mêlât de la chose. A ce dernier village, en effet; réception très cordiale; et, de suite, on me narre l'histoire en me priant de l'écrire en leur nom à l'Administrateur de Boké. Aussi n'était-il pas de promesses qu'ils ne me fissent — mais ce devait être un peu intéressé, hélas !

Chez les Bagas.

Et bientôt, nous échangeons les élégants palmiers contre les palétuviers, et nous voici au pays des Bagas. Ayant parlé d'eux dans une lettre précédente, je ne m'étendrai pas beaucoup sur leur sujet.

Il faut ajouter qu'en général, ces villages sont peu importants : les plus gros ont 140 cases, ils sont souvent éloignés les uns des autres, et séparés par des rivières difficiles à traverser en hivernage.

Chez les Bagas, deux rois — ou chefs de village — se montrèrent très bien disposés à l'égard de mes intentions, surtout l'un d'eux, qui est musulman, mais n'hésita pas à se mettre en opposition contre plusieurs de ses notables pour appuyer ma demande. Sauf dans ces deux villages, où j'obtins tout ce que j'avais besoin d'acheter, on nous reçut avec froideur même avec suspicion ; ils paraissaient se demander quelle était mon idée de derrière la tête ; plusieurs crurent que j'étais un commerçant et que je voulais les surprendre en m'établissant au milieu d'eux, et en m'emparant ensuite du terrain. Ils ne paraissaient guère prendre mon message au sérieux. Quelle impression de tristesse on remporte de ce pays qui pourrait être riche malgré son insalubrité, qui pourrait appartenir à notre Sauveur, à notre Roi, mais que la cupidité des commerçants perd en l'inondant d'alcools, et qui est le refuge des pires coutumes, indécentes et immorales !

Chez les Sousous.

Laissant le pays des Bagas, nous remontâmes un peu vers l'intérieur et trouvâmes encore un chef bien disposé. Il me donna, ainsi qu'à mes hommes, une hospitalité princière à laquelle rien ne manquait. Il avait été élevé à Sierra-Léone et parlait l'anglais. Lui aussi eût voulu une école, de suite, même avec la perspective de voir les enfants devenir chrétiens, quoiqu'il fût musulman. Et déjà, se profilaient à notre gauche et devant nous les hautes collines et les montagnes qui se détachent du massif du Fouta Djallon. Maintenant, les villages, — sauf quelques centres, dont un est occupé par une école de la mission catholique, — sont petits ; les habitants sont effrayés et s'enfuient dans les bois à notre approche, craignant d'être réquisitionnés par force pour servir de porteurs ou pour les travaux du chemin de fer. On refuse souvent de nous vendre de la nourriture, et il faut menacer de la prendre et de payer après pour qu'ils en apportent. Ils ont eu à souffrir et se défient. Les collines qui précèdent Boffa ne sont plus ombragées comme en partant de Boké ; ce ne sont que grandes herbes ou vastes étendues inondées, ou sablonneuses d'un sable blanc profond. La chaleur vient de partout : d'en haut, des herbes, du sable ! Et — pour n'en pas perdre l'habitude — un petit accès de fièvre vient vous casser les jambes. C'est la seule fois où j'aie dû me servir du hamac — vilain mode de locomotion !

Boffa et les stations de la mission des Indes occidentales.

Heureusement, après le laborieux passage d'une large rivière, nous atteignîmes Boffa, chef-lieu du cercle administratif du Rio Pongo, où M. Gaspari, l'administrateur, me reçut avec la plus grande cordialité. Je demeurai avec lui environ une semaine, rassemblant des informations, reposant mes hommes, prenant contact avec la mission proprement dite du Rio Pongo, qui appartient à la Société des missions des Indes occidendales. Elle n'y a qu'un représentant, actuellement ; le Révérend Burris, un noir ; il occupe la station de Domingia, à vingt minutes de Boffa. Une autre station, Farringia, est à deux ou trois heures en amont, sur le fleuve. M. Gaspari mit très aimablement son embarcation à notre disposition pour la visiter. Je me réserve d'écrire une étude à part sur cette mission (1).

______

(1) Cette étude forme la deuxième partie de la présente brochure, pp. 37, ssq.

Boffa ne resemble nullement à Boké. Les maisons européennes sont très dispersées et en petit nombre. Le centre des affaires était plutôt Domingia; c'est encore là, ainsi que le long du rivage, aux endroits les plus en vue, que sont les grandes factoreries. Les affaires sont devenues de moins en moins brillantes, si bien que plusieurs factoreries sont abandonnées.

A part les quelques membres d'Église de la mission du Rio-Pongo, et les Sierra-Léonais, presque tous les noirs sont devenus musulmans. C'est à Boffa que les Pères du Saint-Esprit sont établis depuis le plus longtemps. De leur école sont déjà sortis quelques élèves-maîtres auxquels on a confié des écoles dans de petits centres; quelques-uns sont aussi entrés dans les affaires, mais, en général, on se plaint de leur incapacité et de leur petit nombre.

Le Rio-Pongo, que domine le poste de l'administrateur, est une sorte de vaste estuaire, très large, et dont le nom signifie, dit-on «la rivière boueuse».

Après avoir pris congé de M. Gaspari, nous trouvâmes de nouveau d'agréables paysages; mais ce n'est plus la forêt, pour ainsi dire, vierge : le terrain cultivable est utilisé, les forêts ne sont plus que des taillis, les oranges abondent, et plusieurs villages ont vraiment joli aspect. En route, nous passons à la plus ancienne station de la mission des Indes Occidentales, Fallangia, non loin d'une rivière tributaire des bouches du Pongo.

**La province de Bramaya et la famille royale Fernandez. —
Un accueil favorable.**

Puis, ce sont des plaines de pierre et de sable; plaines arides, nourrissant à peine quelques arbres ratatinés; plaines fatigantes, et pourtant curieuses pour leur formation géologique. Les chaînes de montagnes se rapprochent, se précisent, et semblent devoir nous barrer la route ; enfin apparaît Bramaya, ville indigène importante et déjà ancienne, sur un coteau rocheux qui domine le cours du fleuve Bramaya. On nomme aussi ce fleuve «Konkouré», ce qui signifie «mauvaise rivière», à cause de ses nombreux rapides. A Bramaya, avec la courbe large et gracieuse qu'il décrit entre ses rives verdoyantes, il est beau à voir.

Bramaya, chef-lieu de la province indigène du même nom, fut le siège de la résidence royale depuis plus d'un siècle. La famille régnante portait un nom portugais : Fernandez. Actuellement, c'est encore un membre de cette famille qui détient le pouvoir, bien qu'il réside dans une autre ville. On m'a montré les ruines de l'ancienne case royale : c'était une vraie forteresse.

Autrefois, le Bramaya fut occupé par des Sousous fuyant les convertisseurs musulmans. Pendant longtemps cette province est restée réfractaire à l'Islam. mais les habitants en étaient à peu près aussi difficilement accessibles au christianisme. La mission des Indes Occidentales, puis les Catholiques tentèrent d'y établir une œuvre et échouèrent. La population nous manifesta une certaine défiance; cependant on se rassura lorsqu'un vieillard de la famille royale, élevé à Sierra-Léone et chrétien — au moins de nom — se fut convaincu que j'étais un missionnaire. Nous fîmes un petit culte, lui, l'interprète et moi, avant de nous séparer, et il répéta encore tant bien que mal le «Notre Père...»

Le roi, m'avait-on dit, venait d'être élu, et devait se trouver soit à Yafaïa, juste à l'autre bord du fleuve, soit chez lui, à Ouassou. Il était, en effet, parti de Yafaïa. Cette-ville-ci est pour le moins aussi importante que Bramaya, et paraît plus récente et plus islamisée. Elle est entourée, du côté de la terre, d'une ceinture de blocs énormes, aux formes fantastiques, donnant absolument l'impression qu'ils ont été jetés du ciel, pêle-mêle les uns sur les autres.

Il me tardait de voir ce roi; aussi, malgré les nombreux cours d'eau à traverser, forçâmes-nous un peu l'étape afin d'arriver à Ouassou. Là aussi, le premier sentiment que nous excitâmes fut la défiance. Cependant le roi, William Henry Fernandez, homme fort intelligent et parlant parfaitement l'anglais, se montra bientôt mieux disposé. Et alors, il me demanda instamment de revenir pour commencer une œuvre d'évangélisation dans son pays et pour ouvrir une école. Lui-même se rappelle, je crois, avoir été chrétien jadis, et, si l'on fait plus ou moins le salam à Ouassou, c'est parce qu'il n'y a pas eu de missionnaire chrétien. Si je viens, il est persuadé que nous obtiendrons des résultats. Il fera tout son possible pour que nous ayons beaucoup d'enfants. Il fera venir les enfants de quelques autres de ses grands villages. Mieux que cela, il nous donnera pour construire un large terrain sur une colline près du village, en face de la chaîne des monts Taban. Dans le bas, coule le Konkouré : en une demi-journée nous pouvons atteindre Dubréka, et de là Conakry.

Vraiment, c'est ici, de tout ce voyage dans la brousse que j'ai reçu l'appel le plus pressant et, me semble-t-il, le plus désintéressé et le plus justifié. Que l'on songe, en effet, que, grâce à l'absence de concurrents, les Pères ont — même par force, si c'est nécessaire — dans leurs écoles, les fils des chefs, même des chefs protestants. La conclusion n'est pas difficile à tirer.

Une cordiale hospitalité, offerte sans cérémonie, acceptée de même, par deux Européens qui se rencontrent, n'est pas chose à dédaigner dans ce pays, et je garde un bon souvenir à un colon suisse de ce village, chez lequel j'ai bu du lait de ses vaches et dormi sur un lit propre et confortable.

De Bramaya à Dubréka.

Nous voici enfin, longeant cette belle chaîne des monts Taban qui se profilait depuis plusieurs jours sur notre horizon. Autour de nous, bien que l'hivernage n'ait pas encore commencé, la nature se pare magnifiquement de ses feuillages les plus variés ; à notre gauche : la montagne. Et, à mesure que nous avançons, c'est un émerveillement continuel, un changement de scène constant. Les pics se détachent les uns des autres ; les arêtes sont plus vives. Deux points culminants sont surtout intéressants : on dirait deux bastions avancés, deux bastions de roc, arrondis, séparés par une large crevasse, citadelles formidables taillées presque à pic à une hauteur d'au moins

1,000 à 1,100 mètres! Les villages sont plutôt rares, le terrain paraissant peu fertile ou étant concédé pour de vastes plantations de cacao et de café. Des rivières — au cours obstrué de blocs de granit qui semblent peser quelques milliers de tonnes et cependant avoir été roulés par le torrent d'hivernage — sont sur notre voie; nous contournons lentement la montagne et, enfin, en pleine nuit, nous arrivons en face de la Dubréka, rivière d'une quarantaine de kilo mètres, se jetant à la mer un peu plus bas que la ville de Dubréka.

Nous n'avions pas encore quitté les monts Taban, que déjà nous apercevions le Kakoulima, la montagne qui domine Dubréka, et est clairement visible de Conakry les jours de ciel sans nuage. Elle semble à peu près terminer une haute chaîne parallèle à la rivière Dubréka, qui en baigne le pied... Etait-ce pour nous? A mesure que la nuit tombait, des incendies s'allumaient sur les flancs des derniers Taban, presque derrière nous. Devant, au-dessus de la rivière, un autre illuminait glorieusement la montagne : on eût dit une chapelle embrasée d'où s'échappaient de temps à autre des âmes enflammées. Et le ciel prenait une teinte sombre. Puis, rapidement, une lueur fauve venant de l'Est se répandit sur les nuages menaçants que des éclairs déchiraient, pendant qu'au loin grondait le tonnerre. Heureusement, la tornade n'éclata pas, car on m'avait donné une case dont le centre du toit était absent.

A Dubréka.

Le lendemain, nous étions à Dubréka, heureux d'avoir un ou deux jours de repos, grâce à la large hospitalité des employés de la Compagnie Française—qui sont tous protestants, y compris l'agent du comptoir.

Vue du fleuve, Dubréka est une ville très allongée, dont la partie européenne est d'aspect agréable. Plusieurs Européens autres que ceux de la Compagnie Française sont protestants. Les indigènes sont musulmans et les nombreux, très nombreux Sierra-Léonais sont protestants. Ils se sont constitués en Église également, avec un catéchiste choisi par eux au milieu d'eux. Contrairement à ceux de Conakry, ces Sierra-Léonais ont rarement leur famille avec eux. Ils ne sont là que pour les affaires, pendant la saison, et retournent ensuite soit à Conakry, soit à Sierra-Léone.

Dubréka est beaucoup plus ancien que Conakry et était depuis longtemps un important point d'échange quand Conakry n'existait pas encore. La plupart des maisons européennes qui s'y trouvent sont anglaises, allemandes, suisses, etc. Plusieurs personnes m'ont cependant encouragé à y venir, car les Pères n'y sont pas encore établis.

Retour à Conacry.

Le 24 mars au soir, trouvant une occasion pour rentrer à Conakry par mer par un petit cotre, je pris congé de mes hôtes et m'embarquai vers minuit. La marée était haute ; nous devions être à Conakry vers sept heures du matin. Il n'y avait qu'à dormir tranquillement, en se pelotonnant pour loger sur la planche libre. Désormais, lorsque je devrai faire un voyage de six à sept heures, je prendrai des vivres pour deux jours : nous n'arrivâmes à Conakry que vers quatre heures et demie de l'après-midi. Quelques jours après, l'évêque anglican de Sierra-Léone, M. H. Taylor Smith, m'ayant invité, je m'embarquai sur un paquebot anglais.

Visite à Free-Town. — L'œuvre religieuse, scolaire et médicale.

L'aube du dimanche des Rameaux se levait quand nous nous entrions en rivière, dans la Rokelle, contemplant les hautes cîmes qui précèdent et qui gardent Free-Town. Un grand brouillard s'accrochait à toutes les aspérités et s'évanouissait devant le soleil. Une ville, en partie indigène, se cachait parmi les palmiers, et, enfin, Free-Town, avec sa longue rangée de maisons, son double port et ses nombreux bâtiments, cotres indigènes ou vapeurs européens, s'offrit à notre vue.

Ce n'est plus le genre de Conakry, la ville moderne aux

larges avenues, aux plaisantes villas avec larges vérandas; cela me parut être surtout la vieille petite ville anglaise d'Angleterre, aux rues sans arbres, souvent étroites, presque toujours encombrées. Peu ou pas de vérandas, mais de nombreuses et grandes fenêtres qui doivent vous cuire un être humain en peu de minutes quand le soleil entre en plein! Quelques bâtiments reposent cependant agréablement la vue ; la gare du chemin de fer, la tour de la cathédrale de Saint-Georges et quelques maisons particulières, le jardin public, etc.

Et, sur les flancs de la montagne, s'étagent les casernes, la résidence du Gouverneur, des sanatoria, etc.

En dehors de la ville, la plus agréable maison que je connaisse est celle de l'évêque, tant par sa situation (au milieu d'un parc et près de la mer) que par celui qui l'habite et qui sait vous y rendre si heureux par sa bonté et sa simplicité. J'y passai quinze jours délicieux — de vraies vacances réconfortantes — dont quatre au lit avec un sot retour de fièvre qui s'amusa à faire monter le thermomètre pour effrayer mes amis et pour me donner l'ennui de leur causer cette préoccupation. Mais on serait presque malade pour le plaisir de recevoir leurs soins. L'évêque, les diaconesses de l'hôpital de la mission, le docteur de l'hôpital, l'excellent Dr Latchmore, — je ne saurais dire toute ma reconnaissance à leur égard.

Et n'est-ce pas une grande jouissance pour l'humble petit ouvrier qui travaille, plus ou moins bien — le mieux qu'il peut —, dans un champ ingrat, de voir ce qu'ont pu obtenir de fidèles ouvriers sous ce climat peu sain? Presque tout le monde, à Free-Town, est chrétien et presque tous les chrétiens sont protestants. Les temples protestants se voient partout et, ce qui est mieux, ils se remplissent de fidèles même quand le prédicateur est un pasteur indigène. Américains, dissidents, anglicans, tous ont travaillé et ont recueilli des fruits abondants. Cependant, l'Église anglicane semble tenir la tête. Elle a de très belles écoles supérieures : l'une pour garçons, fondée vers 1840; une autre analogue pour filles «Annie Welsh School», et enfin, le collège de Fourah Bay, magnifique établissement avec larges dépendances, presque remis tout à neuf, et qui forme des avocats, des professeurs, des pasteurs. Mais l'œuvre par excellence, c'est l'œuvre de compassion, l'hôpital dit «Princess Christian Cottage Hospital», dirigé par une diaconesse assistée d'une auxiliaire (toutes les deux européennes), avec tout un personnel d'infirmières indigènes formées par ces deux dames.

J'ai eu le privilège d'assister à l'assemblée annuelle de l'œuvre médicale missionnaire : car cet hôpital, quoique appartenant à la mission anglicane, reçoit des malades de toute dénomination et ses dépenses sont supportées par toutes les Églises de Sierra-Léone. Même des Musulmans se trouvaient à cette fête et des pasteurs des diverses Églises prirent la parole.Quelques jours après avait lieu une vente en faveur de cet hôpital ; elle réussit brillamment, au-delà de toute espérance.

Mon plus grand privilège fut de pouvoir, le jour de Pâques, entendre la prédication simple et substantielle de l'évêque, dans une des grandes salles de l'Ecole supérieure de garçons. Tout était garni de fleurs de dragonnier et de feuilles de palmier; la communion fut donnée avant le service, à sept heures du matin. Si je me rappelle bien, nous étions plus de cent cinquante participants, et certainement l'Esprit de Dieu était au milieu de nous !

J'étais venu pour élucider un peu avec l'évêque la question de la mission du Rio-Pongo, — car cette œuvre est sous sa surintendance, — et pour parler de l'œuvre scolaire de Conakry. Sur le premier point, nous fûmes vite d'accord; sur le second aussi, mais j'avais le sentiment que là, nous ne nous comprenions pas parfaitement. Au lieu d'en pouvoir parler davantage, dès que la fièvre me quitta, craignant d'être repris et de leur causer d'autres ennuis, je rentrai à Conakry par le premier paquebot remontant. J'avais bien fait; il me fut même impossible de profiter d'une occasion qui se présentait pour faire une tournée supplémentaire dans la Mellacorée, à Benty, Farmoréa, Forécaria, etc. Il est vrai que je pus avoir par M. Dolisie, administrateur de Benty, des renseignements suffisants. Essayer de partir eût été une sottise.

———

III

LA QUESTION SCOLAIRE
A CONAKRY

Projet des Pères.

Il paraît que les Pères se sont remués afin de hâter la venue des Frères de l'Instruction chrétienne, de Ploërmel, auxquels ils céderont la direction de leurs écoles. J'ai même entendu dire que la maison était déjà achetée pour eux. Or, la venue des Frères changera la situation : ils feront sonner hautement qu'ils sont surtout instituteurs, et diront facilement aux parents protestants : « N'ayez crainte pour vos enfants : nous leur donnerons l'instruction sans les faire catholiques. » Comme il est très possible qu'à un moment ou à l'autre, ils paraissent favorisés du gouvernement comme instituteurs, il est possible aussi que des parents protestants se laissent prendre au piège. Et nous savons quelle empreinte le catholicisme met sur la vie entière de ses écoliers.

Accord des missionnaires protestants.

Cela étant, je voulais avoir une réponse directe du Comité de M. Mac Ewen, me disant si je pouvais compter (quoi qu'il arrive) sur leurs enfants. Ils craignaient, paraît-il, que je ne fusse pas d'accord avec l'évêque. En conséquence, je télégraphiai à celui-ci d'écrire à M. Mac Ewen directement à ce sujet. Quel ne fut pas mon étonnement d'apprendre subitement que, au lieu de répondre à ma demande par une lettre, l'évêque était à bord d'un paquebot en rade, lui-même !

Il venait, tout à fait à l'improviste, pour consacrer l'Église érigée ici sous le nom d'« Église de tous les Saints ». A la cérémonie de la dédicace, qui eut lieu le lendemain soir, 1er mai, l'évêque eut la bonté, après son allocution, d'exposer la question scolaire très nettement à l'Assemblée. Il ajouta que, d'accord avec le gouverneur, qu'il avait vu la veille, il conseillait fortement aux parents de nous envoyer leurs enlants, que nous étions des Français protestants et que nous travaillerions ensemble pour le même objet.

Le jour suivant, il réunissait en Conférence les pasteurs de la mission des Indes Occidentales, et ils étaient unanimes à désirer notre venue pour l'établissement d'une école protestante française.

Le gouverneur.

Enfin, de son côté, le gouverneur m'affirma à nouveau la bonne volonté du Conseil de la colonie : on nous accorderait les mêmes allocations qu'aux catholiques, et un traitement tout-à-fait impartial.

Résumé.

Voici en quelques mots le résumé de toute cette question scolaire :

Il y a, à Conakry, une nombreuse population d'immigrants sierra-léonais; ils sont très industrieux, et formeraient un appoint à considérer, si l'on pouvait les franciser, et les fixer ainsi dans la colonie. Pour cela, il faudrait que les enfants apprissent le français et reçussent une éducation française ; il faudrait que, pour aller à l'école, ils ne fussent pas obligés d'aller dans une colonie étrangère. Or, les écoles anglaises sont proscrites de la colonie de la Guinée. D'autre part, la plupart des Sierra-Léonais, étant protestants, refusent d'envoyer leurs enfants chez les Pères. Les riches les envoient à Sierra-Léone; d'autres à Cassa (Iles de Los); les autres — leurs enfants ne reçoivent pas d'éducation.

Le gouvernement se dit que, si l'école française était en même temps protestante, il n'y aurait plus de difficultés de la part des Sierra-Léonais à y envoyer leurs enfants. Voilà la cause de l'appel qui nous fut adressé, et la raison des promesses qui nous ont été faites. Les Frères vont arriver et, grâce à leur réputation d'instituteurs, il arrivera que des parents leur confieront leurs enfants si nous n'entreprenons pas ce travail scolaire.

Or, ce triste résultat, nous pouvons l'empêcher; le gouvernement le désire par politique; et les autorités ecclésiasti_ ques et le peuple le désirent par esprit de conservation de la foi protestante et du caractère protestant.

Je laisse à tirer la conclusion : je n'ai que les prémisses à poser, et c'est fait.

Réponse à deux objections.

Que si l'on objecte : Mais ce sont encore des Anglais dont on va s'occuper ! — Il sera bon de remarquer que le gouvernement désire que ces Anglais restent toujours là et deviennent Français. De plus, ce sont des chrétiens, des frères, auxquels nous — nous seuls — pouvons éviter une vraie calamité. La laisserons-nous éclater sur eux ?

Que si l'on objecte qu'il n'y a pas là matière à travail missionnaire, — je suis absolument du même avis. Aussi, ne comprendrais-je l'établissement d'une école à Conakry qu'avec la perspective d'essayer une œuvre dans le Bramaya, à Ouassou, où Fernandez, le roi, nous a si bien reçus. Ou bien, après avoir mis l'instituteur bien au courant pendant un an, laisser l'école sous la surveillance de nos missionnaires du Congo qui pourraient l'inspecter entre le passage de deux paquebots montants ou descendants!

Conclusions.

Que résultera-t-il de mon voyage ? Il ne m'appartient pas de le décider. J'ai tâché de montrer ma route aussi sincèrement que je l'ai trouvée, avec ses déceptions et ses encouragements. Veuille le Seigneur pardonner les imperfections de son indigne serviteur, et montrer lui-même ce qu'il attend de nous ; et, par ses enfants, nous donner le moyen d'entreprendre l'œuvre qu'il placera sur notre sentier.

Oh ! comme on répète ardemment l'Oraison Dominicale quand on a vu ces ténèbres si profondes, si meurtrières, au milieu desquelles vivent, pêchent et périssent quantité d'âmes vivantes, créées à l'image de Dieu, pour lesquelles Jésus est mort ! — « Que ton nom soit sanctifié ! Que ton règne vienne ! » Oh ! oui, qu'il vienne bientôt, mon Dieu! Amen.

Je ne puis terminer cette trop longue épître, sans rendre hommage à l'hospitalité cordiale que m'a offerte, à mon arrivée de Boké, M. Talamas, un de mes amis de Saint-Louis, actuellement représentant ici la maison « Niger et Soudan » . On se figure difficilement en France combien l'on jouit de la plus simple hospitalité dans les colonies, surtout si l'on est entre amis.

Le Seigneur, mon Dieu et mon Roi veuille rendre de nombreuses bénédictions à tous ceux qui m'ont donné le verre d'eau froide, et souvent beaucoup plus ! Et qu'Il fasse servir ce voyage à sa gloire !

O. Moreau.

Deux indications utiles.

P. S. — Je dois donner à mes frères dans le ministère deux indications qui m'ont été fort utiles.

En voyage, pour avoir de l'eau fraîche et filtrée en dix minutes, je m'étais muni d'un seau en toile et d'un filtre fabriqué par M. Hy, pharmacien à Saint-Louis, Sénégal. Le seau est pour rafraîchir l'eau ; le filtre consiste en deux poudres : l'une blanche, l'autre rose. On mêle environ la valeur d'une cuiller à moutarde de chaque poudre, à dix litres d'eau. On agite, on laisse reposer dix minutes et l'on établit un siphon entouré de flanelle ; l'eau vient absolument pure. Le prix en est modique, le poids et le volume insignifiants et l'utilité incomparable.

Pour éviter les piqûres de moustiques pendant la nuit : se frictionner les parties découvertes, mains, figure, tête, etc., avec de l'alcool camphré. Je l'avais lu dans la *Nature*. Cela m'a toujours réussi pendant ce voyage.

O. M.

LES MISSIONS PROTESTANTES
AU RIO PONGO

APERÇU HISTORIQUE

—

Les pionniers.

Le champ d'activité de la Société des Missions des Indes Occidentales, connu sous le nom de « Pongas Mission », en Guinée, avait déjà été occupé par deux autres Sociétés successivement, longtemps auparavant.

1° La Société des missions d'Écosse (1797-1798).

Au mois de février 1796, se formait, en Angleterre, la Société des Missions d'Écosse. Un an plus tard, en 1797, elle envoie à Sierra-Léone, deux missionnaires de nationalité allemande : Brunton et Greig. Ils devaient tâcher d'atteindre le pays des Foulahs, dont on parlait beaucoup alors — apparemment le Fouta-Djallon — et y commencer une œuvre d'évangélisation. Mais le pays était en pleine anarchie; les tribus foulanes étaient en guerre entre elles et avec leurs voisins, et il était impossible de s'y rendre. Aussi reçurent-ils l'ordre de s'établir chez les Sousous qui, descendus eux-mêmes de l'est, occupaient surtout le Rio Pongo et les provinces voisines.

En janvier 1798, ils se rendirent à un village appelé Freeport, sur les bords du Rio Pongo. (Je n'ai pas retrouvé cette localité.) C'étaient les premiers missionnaires chrétiens protestants de cette côte. Pour se faire connaître, ils firent de nombreuses visites aux villages environnants. Mais on ne voyait généralement de blancs dans ces parages que pour la

3

traite des captifs : on se défia aussi des missionnaires, on en avait peur, et ce fut avec difficulté qu'ils réussirent à s'établir chez un chef nommé Fantimané, dans le village de Kandia (?) L'hivernage ne tarda pas à venir avec son cortège de pluies, de chaleurs et d'exhalaisons malsaines. Bientôt Brunton, puis Greig furent sérieusement atteints par la fièvre ; personne ne voulait leur donner des soins ; les huttes où ils vivaient laissaient entrer à flots l'eau des tornades. Après avoir été aux portes du tombeau, l'un et l'autre revinrent changer d'air à Free-Town. Là, Brunton fut nommé chapelain, et Greig retourna seul à Fantimané. Au bout de quelque temps, une éclaircie semblait se produire ; Greig espérait avoir enfin quelques résultats ; mais, une nuit, il fut assassiné par un Foulah qu'il avait hébergé et qui voulait lui voler ses provisions. Telle fut la fin de cette première tentative, moins de deux ans après l'arrivée des premiers missionnaires protestants.

2º La Société des missions anglicanes (1804-1818).

La Société des Missions anglicanes, connue sous les initiales de C. M. S., venait de se fonder. Elle voulut entreprendre de recommencer cette œuvre. En 1804, elle y envoya Renner et Hartwig, celui-ci marié. Bientôt, par suite de tristes circonstances, Renner resta seul chez les Sousous dont il apprit le langage. En 1808, on lui envoya un sérieux renfort. Un commerçant, traitant d'esclaves, établi sur la rivière Fattala, le principal affluent du Rio Pongo, leur donna une maison sur les bords de cette rivière, à Bassaya. Se trouvant à l'étroit, ils fondèrent une seconde station en amont, encore sur la Fattala, à Kanofi. Ils s'aperçurent vite que le peuple au milieu duquel ils se trouvaient n'avait guère de sympathie pour eux, et était ou fort indifférent ou même hostile. Ils cherchèrent alors à agir sur les enfants, en ouvrant des écoles. Elles furent fréquentées par les fils des chefs, peu d'enfants du peuple et quelques jeunes captifs rachetés par les missionnaires. A cette époque, ceux-ci envoyèrent même un jeune garçon en Angleterre, pour y être élevé. Il se nommait Richard Wilkinson.

La traite des captifs continuait à être le grand commerce de

cette malheureuse contrée. Les goélettes, les côtres péné-
traient jusque dans l'intérieur de la Fattala pour se procurer
leur cargaison.

L'Angleterre avait déjà proscrit ce commerce et ses vaisseaux donnaient la chasse aux négriers. En 1814, le Gouverneur de Sierra-Leone, voulant frapper un grand coup, envoya
trois vaisseaux de guerre sur le Rio Pongo pour saisir tous les
négriers et brûler toutes les factoreries de chair humaine.

Grande colère des Sousous riverains qui accusèrent les missionnaires d'espionnage, de délation et de connivence avec le
Gouverneur.

En effet, les Sousous n'étaient pas victimes de cet abomi-
nable trafic : ils servaient au contraire d'intermédiaire pour
fournir les captifs demandés ; et pour cela, ils razziaient les
villages de l'intérieur, et s'enrichissaient ainsi sans travail ni
peine. Les traitants blancs ou mulâtres les excitèrent tellement
contre les missionnaires, que les Sousous résolurent de les
chasser ou de les tuer. Conduits par les négriers, ils mirent le
feu à plusieurs reprises aux bâtiments de la mission, d'abord
à Kanofi, puis à Bassaya, où le missionnaire ne dût son salut
qu'à une circonstance providentielle. Cependant, ils s'y main-
tinrent encore. Entre temps, ils avaient reçu des renforts :
8 personnes en 1812 ; et un certain nombre d'autres en 1815.
Pendant l'hivernage de cette même année 1815, la fièvre jaune
éclata et causa 8 décès en deux mois. De 1808 à 1815, 30 personnes avaient été rappelées à Dieu dans le personnel de la
mission, dont 16 missionnaires consacrés. La C. M. S., décou-
ragée, se demanda si son devoir était de continuer, et elle envoya sur les lieux, en 1816, un inspecteur, Bickersteth. Celui-ci
fit abandonner la station de Bassaya et critiqua l'œuvre
exclusivement scolaire de la mission. Sous son influence, on
commença un système d'évangélisation itinérante, qui parut
devoir réussir tout d'abord. Mais bientôt le peuple se lassa,
on n'écouta plus les missionnaires. Ceux-ci n'avaient pas encore un seul fruit de tant de labeurs et de tant de morts ! La C.
M. S., devant cet état de choses se retira complètement, et fit
rentrer les missionnaires survivants à Sierra-Léone, en 1818.
La seconde tentative, quoique menée vigoureusement, et pendant quatorze ans, échouait elle aussi.

Richard Wilkinson ou le trait d'union entre les premiers pionniers et les ouvriers actuels.

Malgré les apparences, tout ce travail n'avait pas été absosolument en vain, et il en resta un trait d'union entre cette seconde tentative et la mission actuelle du Rio Pongo. Le jeune Richard Wilkinson, que les missionnaires avaient envoyé en Angleterre vers 1812, s'y était converti, et était revenu dans son pays, où il fut nommé chef du village de Fallangia, sur un affluent des bouches du Rio Pongo : le petit Pongo. Les missionnaires étaient partis ; Wilkinson, isolé comme chrétien, fit comme les autres, se livrant au commerce des esclaves, et revenant à la religion fétichiste des Sousous. En 1835, une grave maladie le mit aux portes de la mort ; il eut peur, il se repentit, et depuis ce jour-là, demanda chaque jour à Dieu de lui envoyer un missionnaire chrétien. Et ce fut ainsi pendant vingt ans, — apparemment sans que Dieu voulût l'exaucer.

3º La Société pour la propagation de l'Évangile. — Initiative de son œuvre des Barbades.

La plus ancienne des Sociétés de missions (sauf erreur) est la « Société pour la propagation de l'Évangile », connue sous les initiales : S. P. G. Entre autres Églises qui étaient son œuvre, se trouvait l'Église des Iles Barbades, dans les Antilles (ou Indes occidentales, comme disent les Anglais). La S. P. G. devait célébrer son 150ᵉ anniversaire en 1851, et elle avait envoyé un appel à chacune de ses Églises indigènes, en vue de les faire participer, à cette occasion, à l'extension de l'œuvre missionnaire entreprise par elle-même.

L'évêque des Barbades, Parry, proposa de répondre à cet appel en offrant de commencer une mission sur la côte occidentale d'Afrique, d'où étaient sortis, comme esclaves, presque tous les ancêtres des noirs des Indes occidentales. Le 15 juin 1851, jour du jubilé, on alla plus loin, et on décida d'en faire une œuvre dépendant spécialement des Iles Barbades. Mais personne n'était prêt à partir. L'Église possédant un grand collège, nommé Coddrington Collège, décida qu'une section en serait consacrée à la formation de jeunes missionnaires noirs pour la côte occidentale d'Afrique.

Cependant, personne ne partit jusqu'en 1855. Alors, un pasteur européen des Barbades, âgé déjà de 60 ans, Leacock, ayant perdu sa femme, écrivit au Comité que puisque personne ne s'offrait, il était prêt à partir, lui, qu'aucun lien ne retenait. Avec lui, on fit partir Duport, un jeune catéchiste noir, à qui l'œuvre du Pongo est très redevable. Arrivés à Sierra Léone, le champ où ils devaient se fixer était encore à déterminer. Ils se décidèrent pour le Rio Pongo, attirés par l'appel d'un commerçant. Pour la troisième fois l'Évangile allait être porté à à ces tribus sousous.

Leacock et Duport (1855-1856).

Le gouverneur de Sierra-Léone fit conduire les deux missionnaires par un vaisseau de guerre, le *Myrmidon*. On jeta l'ancre à l'embouchure du Rio Pongo, et le commandant vint lui-même accompagner les voyageurs, assisté d'un capitaine d'infanterie, sur le Petit Pongo, jusqu'à un village nommé Tintima, dont le chef, Kennebeck Ali, recevait — on ne sait à quel titre — une pension du gouvernement anglais. Il les reçut poliment, intimidé par ce déploiement de forces. On dépêcha au roi de la province du Pongo, Katty, qui arriva le lendemain. Celui-ci prétendit qu'on n'avait nul besoin d'écoles ni de missionnaires, puis il affecta de ne plus s'occuper des voyageurs. Cependant, Leacock lui dit: « Katty, je suis venu vous apporter un message de paix. Demain, mes amis les officiers seront partis et je serai seul à votre merci. Vous ferez de moi ce que vous voudrez: vous me tuerez si vous voulez : je ne tiens pas à la vie et ainsi, je m'en irai chez mon Père. » — Dénégations de Katty. — On fait des promesses aux missionnaires, mais dès que les officiers furent partis, on fit tout ce qu'on put pour les décourager et les faire partir.

Pendant ce temps, Charles Wilkinson, jeune fils de Richard Wilkinson, le chef de Fallangia, vit en un songe, un missionnaire blanc débarquant dans le pays. Le vieux Richard ne doute pas que ce soit l'exaucement, et il envoie son fils aîné

Lewis se rendre compte. Celui-ci trouve les missionnaires, découragés, à Tintima, et les amène le soir même chez son père qui, tout ému, serre les mains à Leacock, le garde chez lui, et subitement, au grand étonnement de celui-ci, — qui croyait avoir à faire avec un païen, — entonne le « Te Deum ». — Et il raconte au missionnaire surpris, l'histoire que nous connaissons.

Il offrit l'abri de sa maison aux deux missionnaires, leur promit son appui, tant auprès du peuple, que des autres chefs, et en particulier du roi de Bramaïa, Jelloram Fernandez, duquel dépendait le village de Fallangia.

Duport ouvrit une école à Fallangia, qui fut vite très suivie. — Entre plusieurs accès de fièvre, Leacock, se rendit à une invitation de Charles Wilkinson, chef de Domingia sur le Rio Pongo (le second fils de Richard Wilkinson). Ne reculant devant aucune fatigue, il visita successivement Sangha, où résidait un chef mulâtre, Faber; et Farringia, tout au haut bout de ce qui semble être le Rio Pongo, où résidait la puissante famille des Lightburn (grands traitants d'esclaves). Il avait dû, en laissant à sa droite le confluent de la Fattala, contourner l'île du Diable, et passer par les « portes de l'Enfer ». De nouveau atteints par la fièvre, les deux missionnaires allèrent quelques semaines à Sierra-Léone se refaire. Apparemment rétablis, ils revinrent à Fallangia, mais M. Leacock, miné, retourna quelques jours après à Sierra-Léone, et y mourut en 1856.

Les détails de ces commencements sont intéressants, car ils sont en connexion avec des stations encore existantes; et avec des familles (les Lightburn, les Wilkinson, les Faber, les Fernandez) qui sont encore représentées; et même avec des individus encore vivants (Charles Wilkinson, de Domingia; une dame Lightburn, de Farringia, etc.).

Duport, « deacon » (1856-1861).

Duport fut alors ordonné « deacon »; il commença la construction d'une église à Fallangia; la première pierre fut posée par Faber, le chef de Sangha, en présence de plusieurs autres chefs; elle fut achevée en 1857. A ce moment déjà, Duport avait admis 59 personnes au baptême. En même temps il préparait la traduction du Prayer-Book et celle des Évangiles, des Épîtres et des Psaumes qu'il termina en 1860.

En 1859, l'église bâtie par Duport faillit être détruite par les féticbistes et un de leurs grands chefs ; il fallut que Wilkinson et un autre chef, du nom de Gomez, fissent bien comprendre qu'ils étaient décidés à prendre la défense de la mission et des missionnaires.

Cette tentative se renouvela encore en 1860 sans plus de succès. Le plus grand danger qu'elle courut fut d'être englobée dans la destruction que méditait de faire de Fallangia, le roi Jelloram Fernandez, suzerain de cette ville. Le missionnaire blanc, Neville, supporta les plus grandes fatigues et risqua sa vie pour aller, en personne, dissuader Fernandez de ce dessein criminel. Le roi faillit être cause de la mort de Neville.

L'église comptait en 1860 : 205 baptisés, 22 candidats au baptême et 108 écoliers. En 1861, elle perdit son premier et son meilleur ami, le vieux chef Richard Wilkinson.

Autres missionnaires, blancs et noirs.

Pendant les sept années qui s'écoulèrent depuis la fondation de la nouvelle mission, et après la mort de Leacock, cinq missionnaires étaient venus en renfort, dont trois blancs et deux des Indes occidentales. Les blancs moururent : l'un, Higgs, après 3 mois ; un autre, Dean, presque immédiatement ; l'autre, Neville, après 3 ans. L'un des survivants des deux nouveaux des Indes occidentales, Philipps, dût abandonner l'Afrique.

Après une série de conférences qu'il donna dans son pays natal, presque chaque diocèse décida de s'occuper beaucoup plus de l'œuvre et d'importantes sommes furent souscrites. En même temps il fut décidé de ne plus avoir dans cette partie de l'Afrique que des missionnaires noirs.

En 1862, le village de Domingia reçut un catéchiste, et une église y fut ouverte en 1854.

Les Français au Nunez et au Pongo.

Puis les Français prirent officiellement possession, d'abord du Rio Nunez, puis du Rio Pongo en 1866, et peu à peu s'étendirent dans toute la Guinée française actuelle. La Société des Missions des Indes occidentales avait décidé d'occuper les îles de Los, et en particulier l'île de Fotoba, qui est la plus peuplée, ce qui fut fait en 1867. Deux missionnaires venus à peu près à cette époque, se signalèrent par leur ardeur: Doughlin et Turpin. Leur venue permit à Duport de fonder encore le poste d'Antigua, sur le Rio Nunez, près de Guémé-Saint-Jean, où une église fut consacrée. Elle dût être démolie en 1877, la population s'étant dispersée.

Les missionnaires eurent à passer plusieurs fois par des épreuves matérielles (perte du bateau missionnaire, incendies, etc.) et par bien des découragements, car beaucoup de prétendus chrétiens redevinrent polygames, ou fétichistes, ou musulmans.

Arrivée de M. Mac Ewen (1871).

Cependant, des renforts continuaient d'arriver. En 1871, M. Mac Ewen, pasteur actuel de Conakry, arrivait et était placé à Fallangia d'où, plus tard, il fut transferé à Fotoba en 1883. En 1881 une église était construite à Farringia, à la requête du chef Lightburn; brûlée, elle fut rebâtie en pierres et couverte en tuiles. Cette localité — au-dessus de Domingia — était évangélisée depuis 1879.

Missionnaires à Bramaia et à Cassa.

Bramaia reçut aussi son missionnaire en 1887. Enfin, l'île de Cassa reçut, en 1890, une école supérieure pour garçons, avec l'approbation du gouvernement anglais, sous la direction de M. Farquhar, qui avait déjà enseigné pendant 15 ans aux îles Barbades. En 1895, une école supérieure de filles fut également fondée, sous la direction de la veuve du missionnaire Duport.

Difficultés et épreuves.

Déjà le gouvernement français faisait des difficultés aux missionnaires des Indes occidentales au sujet des écoles, qui devaient être françaises. En outre la mission avait éprouvé de grandes déceptions de la part de ses convertis, et l'islam enserrait ses stations d'un cercle toujours plus étroit. Enfin, la baisse énorme sur les sucres — qui sont la principale production des Indes occidentales — et un cyclone désastreux rendirent le Comité local des Barbades incapable de faire face à ses engagements, et il proposa de donner ses stations soit à la S. P. G., soit à la C. M. S., en toute propriété, et avec les dépenses à solder naturellement. Le Comité anglais de Londres refusa cette combinaison, et en adopta une mixte que nous verrons tout à l'heure.

En conséquence des difficultés créées aux missionnaires anglais sur le territoire français, on chercha d'autres lieux de travail en terre anglaise, parmi des gens parlant sousou. En 1895 on put envoyer à Kambia, dans le Sierra-Léone, le révérend Cole, et une église y fut fondée en 1900.

Création de Conakry. — Les Sierra-Léonais protestants à Conakry.

En face des îles de Los se trouve l'île (ou presqu'île) de Tumbo. Il y a 12 ans, deux petits villages indigènes sans importance s'y trouvaient. Depuis 1890, le gouverneur de la Guinée française a su créer sur ce terrain une ville commerçante et riche, la ville de Conakry. Les habitants de Free-Town se sentant à l'étroit chez eux, vinrent en grand nombre y ouvrir des boutiques de détail, d'échange, et, malheureusement quelques débits de spiritueux.

Ces Sierra-Léonais sont tous protestants et désiraient avoir un service religieux régulier. M. Mac Ewen, le pasteur de Fotoba, étant le plus proche, venait quand il pouvait. Bientôt, il comprit que c'était insuffisant, car le nombre des immigrants de Free-Town croissait rapidement. A eux seuls, ils formaient une vaste paroisse. M. Mac Ewen fit une demande à son Comité pour être autorisé à construire une église à Conakry. Par suite du manque de fonds, le Comité n'accéda pas. Et, courageusement, le vieux missionnaire collecta lui-même l'argent nécessaire; et, remettant l'église de Fotoba aux soins de M. Farquhar, il vint demeurer à Conakry; il fut à la fois architecte, entrepreneur et surveillant. En 1900, le 4 janvier, l'église fut ouverte au service divin. Le 2 mai 1901, elle était consacrée par l'évêque de Sierra-Léone, M. Taylor Smith.

Décadence de l'œuvre au Rio-Pongo.

Sur le Rio-Pongo, en 1899, les choses prenaient une autre tournure. Les fonds originaires des Indes Occidentales ayant baissé considérablement ; l'islam et les pratiques païennes gagnant de plus en plus — même parmi les chrétiens; les écoles étant interdites, on décida de se retirer de toutes les stations du territoire français, sauf de Conakry, qui est une œuvre pastorale pour des étrangers. Le « deacon », Burris, en charge du district du Pongo, fut appelé à travailler dans le Sierra-Léone. Les membres des stations, et surtout de Domingia, protestèrent et collectèrent une forte somme entre eux pour montrer qu'ils voulaient aider, mais aussi avoir leur pasteur. M. Burris leur a été renvoyé l'an dernier, en attendant les événements.

Récapitulation. — Etat actuel.

Depuis la venue de Leacock, cette Société a employé 18 ouvriers, dont 4 Européens. Des 4 blancs, 3 sont morts; des 14 noirs, 3 sont morts, et 5 ouvriers noirs restent à l'œuvre.

10 stations avaient été fondées, dont 9 ont été des Églises ; et, de ces 9 Églises, il en reste encore 7 : Fallangia, Domingia, Farringia, Fotoba, Cassa, Conakry et Kambia.

Fallangia, Domingia et Farringia.

Les trois premières forment, à proprement parler, le district du Rio-Pongo et sont confiées au « deacon », M. Burris. Il réside à Domingia, un peu au-dessus de Boffa, et se trouve ainsi à peu près au milieu de son œuvre : en deux heures de canot, il peut remonter le Rio-Pongo jusqu'à Farringia; en cinq heures de marche (ou une bonne demi-journée de canot, s'il descend le Rio-Pongo pour remonter ensuite le Petit Pongo, il est à Fallangia. Une autre raison déterminante pour le choix de Domingia, est qu'il y a là un centre d'affaires, actuellement devenu beaucoup plus important que les deux autres localités; et, en même temps que les Sousous y sont plus nombreux; des Sierra-Léonais y sont aussi fixés, et l'on doit avoir un service religieux spécial pour eux. Les maisons d'habitation et les églises de Fallangia et de Domingia sont en pierre, couvertes en tôle ondulée. Elles paraissent avoir été faites pour une population et pour des auditoires plus nombreux que ce qui semble exister maintenant. Le rez-de-chaussée de ces deux stations était approprié pour une école... Maintenant, les populations se dispersent, les chrétiens disparaissent, et les bancs de l'école, et ceux de l'Église tombent, à moitié rongés par les termites! La maison actuelle de Fallangia, en particulier, rebâtie en 1892, donne déjà un sentiment de ruine et de vétusté — et c'est grand dommage.

La station de Farringia a une maison d'habitation qui n'est qu'une grande hutte indigène, merveilleusement située sur le haut d'une colline; la chapelle est plus bas et est construite mi-partie en pierre, mi-partie en terre. Là aussi, les termites rongent toutes les boiseries et l'ensemble donne la triste impression d'un abandon ou d'un laisser-aller complet.

Fotoba, Cassa et Kambia.

Fotoba et Cassa sont les deux îles principales de l'archipel de Los et appartiennent aux Anglais. Les Églises de ces deux îles sont confiées aux soins de M. Farquhar. Celle de Fotoba est la plus nombreuse, l'île étant aussi beaucoup plus peuplée. Mais, à Cassa, se trouvent les écoles supérieures de garçons et de filles, que la mission ne pouvait avoir en territoire français.

Celle des garçons, à l'extrémité ouest de Cassa, continue à être dirigée par M. Farquhar. Il a environ 20 à 25 internes, lui venant du Pongo, de Fotoba, de Conakry et de Kambia et variant entre dix ans et vingt-cinq ans. Les parents ne donnant rien pour les enfants, on doit veiller à ce que la plus stricte économie soit observée : nourriture, entretien, vêtements, le tout revient à environ 32 ou 33 centimes par garçon et par jour. D'après un principe très juste, les enfants font

leur cuisine et leur blanchissage eux-mêmes. M. Farquhar
ayant bien voulu faire passer un petit examen devant celui
qui écrit ces lignes et devant un ami protestant français qui
l'accompagnait, M. Lecoq, conseiller général du Puy-de-Dôme,
nous fûmes surpris de la rapidité et de la justesse des ré-
ponses, tant pour l'histoire sainte que pour la géographie et
l'arithmétique. Le chant est aussi très bien cultivé et, si l'école
ne paie pas de mine, ce nous fut cependant un régal d'assister
à cet examen, qui est tout à l'honneur de M. Farquhar.

Il faut aussi mentionner M. March, un jeune catéchiste qui
aide M. Farquhar dans sa tâche de professeur.

De même que les Iles de Los, Kambia appartient aux Anglais et se trouve dans le Sierra-Léone, sur la Grande Scarcie.
Cette station, qui date de l'an dernier, est confiée à M. Cole;
mais nous ne l'avons pas visitée.

Conakry.

Enfin Conakry, avec M. Mac Ewen comme pasteur. Cette
station, logiquement, devrait dépendre directement de la C.
M. S. ou de toute autre Société établie à Free-Town, car,
sauf de très rares exceptions, l'auditoire et les membres de
l'Église sont des Sierra-Léonais de Free-Town. C'est une
œuvre pastorale et non missionnaire.

Cet auditoire est fort nombreux — peut-être 350 à 400 personnes — et encore la majorité des Sierra-Léonais paraît-elle
s'abstenir d'assister au culte! La Cène est distribuée à plus de
soixante communiants à chaque fois.

Ici aussi, une école protestante pour cet élément de la
population ne sera autorisée que si l'enseignement est en
français. Le vénérable M. Mac Ewen a réussi à constrire une
église et un presbytère. L'église a un extérieur assez agréable,
mais l'intérieur semble inachevé. Malheureusement, M. Mac
Ewen fait l'expérience que les chrétiens de naissance ne
forment pas toujours une meilleure paroisse qu'une station
purement missionnaire.

Par suite de sa connexion avec la S. P. G., qui est la Société de missions du parti ritualiste anglican, cette mission
des Indes Occidentales observe naturellement des formes qui

paraissent presque catholiques romaines à l'esprit protestant français et qui nous étonnent dans une Église protestante ; cette tendance était surtout apparente à Conakry, sans doute par suite de la christianisation antérieure des membres du troupeau, qui comprennent mieux les formes, les aiment beaucoup et parfois s'en servent pour cacher de bien mauvaises dispositions.

Outre son œuvre de Conakry, M. Mac Ewen visite aussi, quand il le peut, des groupes de Sierra-Léonais assez nombreux, à Dubréka et à Boké.

Statistique.

Nous n'avons pas sous la main de statistiques plus récentes que celles de 1885 (données dans *Fifty years in West-Africa*, p. 127.) (1)

En 1857, il y avait déjà . . . . 59 baptisés ;
— 1860, — — . . . . 205 —
— — — — . . . . 22 catéchumènes ;
— — — — . . . . . . et 108 écoliers.
En 1885 :

1º A **Domingia** : 533 baptisés, dont :

Disparus, morts ou renégats 86
Fidèles { Dispersés à l'intérieur . . 251
Fidèles { Présents à Domingia. . . 196
____
533

2º Aux **Iles de Los** : 525 baptisés.

Les renseignements manquent pour les autres Églises pour cette année-là. Mais, quand on voit ces deux stations, à elles seules, compter 1,058 baptisés au bout de vingt-trois ans pour Domingia et de sept ans pour les Iles de Los ; quand on songe qu'en 1864, c'est-à-dire au bout de neuf ans, les registres de Fallangia accusaient 421 baptêmes, et qu'en 1866, au bout de douze ans d'existence, la mission des Indes Occidentales

____

(1) Nous avons tiré de ce même ouvrage de nombreux renseignements pour la rédaction de ces lignes.

comptait 537 baptisés, on reste rêveur. L'on se demande si l'on doit se réjouir du rapide accroissement de l'Église ou si l'on doit s'en affliger. Peut-être faut-il simplement regretter que le baptême, cet acte décisif, initial, emblême de la nouvelle naissance, ait été déprécié. Souvent il avait été accordé trop facilement sans exiger une conversion sérieuse. Il avait ainsi introduit dans l'Église une foule qui n'y put rester dans la suite, et qui retourna à ses anciens errements.

La direction épiscopale de l'œuvre.

Pendant longtemps, on crut que, s'il y avait un évêque spécial pour la mission du Rio-Pongo, cette mission aurait prospéré davantage et plus sûrement. Une somme importante fut promise par le Comité des évêchés coloniaux à condition que le reste serait souscrit, pour établir un nouveau diocèse, indépendant de celui de Sierra-Léone. On ne put parfaire la somme, malheureusement, et, en 1891, on confia définitivement la surveillance de ces Églises à l'évêque de Sierra-Léone.

Tout en rendant, sans la moindre arrière-pensée, un sincère et respectueux hommage au zèle apostolique des Duport, des Doughlin, des Turpin — pour ne parler que des absents — il est permis de regretter que cet évêque n'ait pu exister spécialement pour la mission du Rio-Pongo.

Evidemment l'anarchie ne règne pas entre les missionnaires de cette Société. Ils ont l'évêque de Sierra-Léone comme chef; ils ont leur Conférence semestrielle, et, généralement, ils ont toujours eu de la déférence pour les avis du plus âgé d'entre eux. Cependant, quand il y a une décision importante et immédiate à prendre, une décision demandant une connaissance approfondie de la question, qui en prendra l'initiative?

Ce devrait être l'évêque de Sierra-Léone, sur la demande de la Conférence, ou le Comité anglais, sur la demande de l'évêque. Mais souvent l'évêque ne peut réunir la Conférence deux fois par an, et même alors, il n'a peut-être pas eu le temps d'étudier l'affaire, car son propre diocèse est assez large, intéressant et absorbant pour lui prendre tous ses instants.

En outre, peut-être cet évêque spécial eût-il jugé que la concentration dans deux ou trois stations bien situées eût été préférable à l'émiettement trop rapide de l'état-major de la mission. On n'eût pas fondé neuf Églises en cinquante ans, mais on n'eût peut-être pas été contraint d'en abandonner plusieurs et de détruire celle qui était consacrée ; et où l'on aurait été en force, les Églises auraient pu acquérir une vie plus intense. Ce n'est pas certain, mais c'est possible.

L'évêque aurait certainement tenu la main, — ce qui était dans ses attributions, — à ce que les bâtiments de la mission ne fussent pas laissés en mauvais état. Il aurait sans doute prévu la crise scolaire causée par l'occupation française, et il eût peut-être réussi : soit à former des instituteurs noirs parlant français, soit à engager un instituteur blanc français, car il n'y aurait pas eu de difficulté dans un engagement entre deux Européens. Et peut-être la mission du Rio Pongo vivrait encore.

L'œuvre du Rio-Pongo est mourante.

Il est vrai que tout cela n'est que suppositions, et ne conduit pas à de grands résultats pratiques. Ce qui est un fait, c'est que la mission du Rio-Pongo, commencée en 1797 et reprise deux fois, est mourante. Les trois stations qui la composent sont confiées à un « deacon », assisté simplement d'un ou deux catéchistes bénévoles. La population s'est dispersée, l'islam est venu, et la polygamie et les coutumes fétichistes reprennent leur vieille puissance satanique. Les Églises dont les registres ont des centaines d'inscriptions, n'ont que quelques auditeurs au service divin. Il y en a, mais peu.

Les points encore vivaces.

Les parties encore intéressantes de l'œuvre de la Société des Indes Occidentales ne sont plus sur le Rio-Pongo. Elles sont en territoire anglais (Iles de Los, Kambia) ou parmi des Sierra-Léonais (Conakry) Sans le jeune, sympathique et vaillant ménage Burris qui occupe Domingia — et qui a dû s'imposer de lourds sacrifices personnels pour y venir, — la

Société n'aurait même plus de représentant dans ce coin de
l'univers.

Le passé et l'avenir.

Pourtant, petit coin de terre, que de fatigues, de renonce-
ments, de sacrifices tu as demandés ! Que de larmes et de
sang il a fallu, et que de tombes, avant que tu t'ouvrisses
à l'Évangile ! ! Nous nous découvrons respectueusement devant cette noble phalange de pasteurs et de missionnaires
blancs et noirs, qui sont venus ici, sans le moindre confort,
sans remèdes connus contre les fièvres, qui ont donné leur
vie à la fin d'une longue carrière, ou au commencement de
leur activité, sans se plaindre ! Voilà le sceau royal du
Christ : Partout le même, dans les arènes sanglantes de Rome
et sur les bûchers, et dans les horribles massacres, et dans
les vastes plaines glacées et sur les bords empoisonnés des
rivières tropicales !

Partout, c'est pour Lui, pour le crucifié, que joyeusement,
ou au moins sans murmures, le trésor le plus cher, la vie est
donnée, offerte ! Et partout, c'est la même vision : vision de
Dieu recevant avec amour son enfant racheté par Jésus-Christ,
de Jésus-Christ nous attirant à lui, — qui fait paraître le dur
passage moins long, moins sombre ! Et partout, c'est l'amour
pour Celui qui nous a tant aimés nous-mêmes, qui remplit le
cœur de l'apôtre et le rend solidaire de ceux qui sont dans
l'ombre néfaste du péché et de la mort !

Petit coin de terre, est-ce en vain que tu as bu ce sang,
cette semence de l'Église ? As-tu rejeté pour de bon l'Évangile
de grâce qui t'a été apporté ? Quoiqu'il en soit, l'Évangile y a
été annoncé. Et l'auteur de ces lignes se rappelle sa joie, un
jour que fatigué par l'étape du matin, il entra dans une case
d'un petit village perdu. Les habitants étaient sortis — craignant peut-être que ce ne fût un officier ou quelqu'un qui
aurait besoin de porteurs. — Sur un coin de mur était en
évidence un nouveau testament en sousou. Le propriétaire y
avait-il trouvé le pardon et la vie ? Peut-être... Oui, la petite
lumière brille. Et le moment viendra où même les aveugles
la verront et éclateront en chants de réjouissance,

Les statuts de la Société.

Les Statuts de la Société des missions des Indes Occidentales ont été révisés en 1896. Il y a douze articles. Le contrôle de la mission du Rio-Pongo appartient à un Comité constitué en Angleterre, qui doit s'entendre avec les évêques des Iles Barbades aux Antilles et avec l'évêque de Sierra-Léone. Celui-ci est chargé de la surintendance immédiate de la mission. Deux fois par an, il doit réunir la Conférence africaine (pasteurs consacrés et catéchistes, et laïques nommés par l'évêque — acceptés par les autres). Cette Conférence transmet toutes les demandes, les vœux, etc., au Comité anglais. La mission a un fonds de roulement auquel sera ajouté tous les ans le montant des collectes faites par l'Association auxiliaire de chaque diocèse des Indes Occidentales. Mais l'emploi de cet argent est décidé par le Comité anglais, d'accord avec l'évêque de Sierra-Léone et la Conférence africaine.

Les missionnaires dont les services sont acceptés, doivent venir directement des Indes Occidentales en Afrique, sans passer par l'Angleterre ; n'être pas encore mariés, et ne pas avoir reçu l'ordination. Ils seront ordonnés lorsqu'ils auront appris la langue du pays où ils vont. Naturellement, il peut y avoir des exceptions, laissées à la discrétion du Comité.

Ce sont des règles qui paraissent forts sages, et dont on ne doit pas avoir eu à se plaindre.

P. S. — Dans le courant de cette étude, le mot « deacon » a été employé sans être traduit, le mot *diacre* n'en donnant pas la vraie signification.

TABLE DES MATIÈRES

Pages

II

Les missions protestantes au Rio Pongo.

(APERÇU HISTORIQUE)

Paris. — Imp. Ch. Noblet, 13, rue Cujas. — 1901.